EL DÍA DE LA MERMELADA

Beascoa

El papel utilizado para la impresión de este libro ha sido fabricado a partir de madera procedente de bosques y plantaciones gestionadas con los más altos estándares ambientales, garantizando una explotación de los recursos sostenible con el medio ambiente y beneficiosa para las personas. Por este motivo, Greenpeace acredita que este libro cumple los requisitos ambientales y sociales necesarios para ser considerado un libro «amigo de los bosques». El proyecto «Libros amigos de los bosques» promueve la conservación y el uso sostenible de los bosques, en especial de los Bosques Primarios, los últimos bosques vírgenes del planeta.

Título original: *Jam Day*
Primera edición: mayo de 2016
Serie creada por: O. Kuzovkov.
Director de Arte: I. Trusov
De la presente edición en castellano:
Penguin Random House Grupo Editorial, S. A. U.
Travessera de Gràcia, 47-49. 08021 Barcelona
Realización editorial: MYR Servicios Editoriales
Con la colaboración de Daniel Cortés

Penguin Random House Grupo Editorial apoya la protección del *copyright*. El *copyright* estimula la creatividad, defiende la diversidad en el ámbito de las ideas y el conocimiento, promueve la libre expresión y favorece una cultura viva. Gracias por comprar una edición autorizada de este libro y por respetar las leyes del *copyright* al no reproducir, escanear ni distribuir ninguna parte de esta obra por ningún medio sin permiso. Al hacerlo está respaldando a los autores y permitiendo que PRHGE continúe publicando libros para todos los lectores. Diríjase a CEDRO (Centro Español de Derechos Reprográficos, http://www.cedro.org) si necesita fotocopiar o escanear algún fragmento de esta obra.

ISBN: 978-84-488-4598-8
Depósito legal: B-3636-2016
Impreso en: Impuls 45, Granollers (Barcelona)
BE45988

Penguin
Random House
Grupo Editorial

Había una vez un oso que vivía en el bosque. En otros tiempos, trabajó en un circo y fue un artista muy bueno. Pero ahora vivía en su casita, criaba abejas, recogía miel, pescaba... ¡y hacía mermelada!

Aquel día había llenado varias cestas de frutas para hacer mermelada en su jardín. Entró en casa y cogió tarros de cristal, unos paquetes de azúcar y un cazo de cobre de asa larga.

Oso manejaba los objetos como un malabarista: sostenía los tarros en una pila muy alta y hacía volar los paquetes de azúcar entre sus zarpas. Luego volvió a meterse en casa a por todo lo que necesitaba para prepararse un té. Cuando salió, llevaba la tetera y la taza sobre la punta de la nariz.

Pero de repente...

—¡Oso! ¡Mira lo que sé hacer! ¡Hop!

Era la voz de la pequeña Masha. Lanzó al aire un puñado de moras y las dejó caer en su boca.

—¡Ñam! —dijo la pequeña, levantando el dedo gordo hacia Oso.

El buen Oso se llevó tal sorpresa que se cayó de culo, y la tetera y la taza rodaron por el suelo.

Oso se giró hacia la mesa y vio que Masha se había zampado todas las bayas y las manzanas. Y ahora, ¿con qué iba a hacer la mermelada? Al menos, había un cazo casi listo... Pero Masha se acercaba a él con la cuchara preparada. Oso se abalanzó hacia la traviesa niña, pero ella le detuvo diciendo:
—¡Tranquilito!

Muy seria, la chiquilla sopló la cuchara y dijo:
—Rico, rico. Pero le falta algo... ¿un poco de sal?
Oso meneó la cabeza. ¿A quién se le ocurre echarle sal a la mermelada? Cogió a Masha y la dejó en el suelo, cerca de donde estaban los tarros de cristal puestos en fila. Sonriendo, la pequeña se puso a correr hacia los tarros.

Oso estaba removiendo el cazo cuando oyó detrás de él:
–¡Oso, mira! ¡Soy un astronauta!
Cuando se dio la vuelta, vio que la revoltosa niña había construido una pirámide de tarros. En lo alto se había colocado ella misma, con la cabeza metida en uno de ellos. Oso corrió hacia la pequeña, pero llegó demasiado tarde: la pirámide tembló y los tarros empezaron a caerse... y Masha con ellos.

—Sistemas a punto. ¡Hemos despegado! —gritaba Masha, volando por los aires. ¡Menudo juego!

La incorregible niña iba a caer de cabeza en el cazo de la mermelada. Oso corrió al rescate y consiguió agarrarla por las piernas.

Con un gran suspiro, Oso intentó sacarle la cabeza del tarro, pero no había manera. Aunque era un casco de astronauta estupendo, ¡no podía pasarse el día con él!

Por mucho que tirara, el tarro no salía. Oso se fue a por una herramienta con la que solucionar el problema. ¿Y qué hizo la chiquilla mientras tanto? Se quitó el tarro como si nada, se pasó la mano por la frente y volvió a ponerse el casco de cristal. Cuando Oso volvió con la herramienta, Masha ya no estaba sobre la mesa. Entonces, se oyó una voz desde arriba:
—¡Houston, tenemos un problema!

Masha se las había ingeniado para subir al desván de la casita de Oso y desde el otro lado del ventanuco redondo fingía ser un astronauta. El tarro seguía en su cabeza, claro. ¡Cómo iba a ir sin casco! Oso ya estaba harto. Agarró el tarro y tiró de él con todas sus fuerzas.

—¡Mis orejas, mis orejas! —gritaba Masha.

¡Viva! El tarro se soltó. La niñita se tocó la cabeza y dijo:
—Creo que mis orejas están bien.

Oso, que había caído de espaldas, se sentó y se miró la zarpa. ¡Sin saber cómo, ahora la tenía dentro del tarro!

Y no se lo podía quitar...

Oso tiró una y otra vez, pero el tarro no salía. Masha decidió acudir en su ayuda. Se puso a tirar, pero el tarro se le resbaló de las manos y Oso cayó hacia atrás, con tan mala suerte que chocó con el cazo de la mermelada. El cazo salió volando ¡y la mermelada se derramó!

¡Tanto esfuerzo para nada! Oso estaba muy disgustado y enfadado con Masha. Cogió la cesta y se fue al bosque a por más bayas.

La chiquilla quiso seguirle, pero Oso le gruñó.

Masha decidió pedir ayuda a las ardillas, las liebres y los erizos, que empezaron a traerle zanahorias, tomates y pepinos: todo lo que daba el huerto de Oso. Además, los erizos le trajeron setas ¡y las ardillas, piñas! Esa mermelada prometía ser algo único.

Necesito todo esto,
platos, ollas, y demás.
Hace falta mucho espacio,
la mermelada hay que guardar.
Lo que planto en el huerto,
lo que los árboles nos dan.
Mezclo todo en una olla
y después a cocinar.

Una zanahoria sabrosa,
para que sepa mejor.
Si ponemos muchas piñas
será más dulce y mejor.
Lo vigilo y lo remuevo.
Es extraño, pero sé
que por fin he cocinado,
¡y me gusta improvisar!

Oso recorrió el bosque con el cesto en una zarpa y el tarro en la otra. Pero, por algún motivo, no encontraba bayas ni frutas por ningún lado. De repente, vio un manzano. Corrió contento hacia él, sacudió el tronco y todas las manzanas cayeron del árbol. Cuando miró abajo, ¡las manzanas habían desaparecido! Al pie del árbol había unos erizos que atraparon las manzanas con los pinchos y salieron corriendo en todas direcciones.

Oso se adentró más en el bosque y finalmente encontró un zarzal lleno de moras. Iba moviendo la cesta con una de las patas traseras mientras cogía y lanzaba dentro las moras con la zarpa libre. Estaba tan concentrado que no se dio cuenta de por qué no podía seguir moviendo la cesta. Se había topado con algo. ¡Era otra cesta! Cuando levantó la vista, vio a una osa.

La osa también estaba cogiendo moras, pero había empezado en la otra punta del zarzal y los dos se habían encontrado a medio camino. Nuestro Oso era demasiado cortés como para no ceder ante una dama, así que hizo un caballeroso gesto con la zarpa para mostrarle que el zarzal era todo suyo.

Ella le miró la zarpa y soltó una risita. Oso ya no se acordaba del tarro y, al darse cuenta de que seguía en su zarpa, sintió mucha vergüenza y se escondió detrás de un árbol. La osa, por su parte, siguió cogiendo moras como si no hubiera pasado nada.

Oso volvió a casa, llevando la cesta casi a rastras. Estaba muy desilusionado. No había cogido fruta y le apetecía mucho la mermelada. Cuando llegó a la verja de su casa...

–¡Oso! ¿Dónde te habías metido? ¡Ya está todo listo! –sonó la voz alegre de Masha.

La pizpireta Masha había puesto la mesa, había hecho té y había preparado un banquete con el que cualquier oso se chuparía las zarpas: una mermelada muy especial.

Oso no daba crédito a sus ojos. Acercó su silla a la mesa y Masha le sirvió un plato.

Oso se sorprendió mucho al ver aquella extraña mermelada de piñas, pero decidió probarla de todos modos. ¡Y le encantó! Acabó comiéndose todas las mermeladas: la de zanahorias, la de setas, la de tomates y la de pepinos. Cuando acabó, se reclinó en su silla y se quedó adormilado. Masha se le acercó en silencio y le quitó el tarro de la zarpa.

Oso se despertó, se miró la zarpa y se puso muy contento. ¡Por fin se había librado del dichoso tarro! Ni corta ni perezosa, Masha se lo colocó otra vez en la cabeza y se puso a bailar y a cantar:

—¡Mira, aquí estoy! ¡Caminando en la luna!

De pronto, tropezó y se cayó por el borde de la mesa. ¡Menos mal que llevaba casco!

—Sistemas a punto. ¡Hemos aterrizado! —exclamó.

Oso apoyó la cabeza en sus zarpas. ¡Esta Masha...!